Inteligencia emocional en las finanzas

Clara Vega Caballero

Copyright © 2022 Clara Vega Caballero

Todos los derechos reservados.

ISBN: 9798636238720

DEDICATORIA

A mis padres y hermano.
A mis hijos: Ana, Marina y Jorge porque sois mi mayor motivación y mi mayor orgullo.
A mi marido, mi ilusión y mi motor, quiero darte las gracias por tu amor, generosidad y apoyo incondicional.

Contenido

Introducción 9

Inteligencia emocional financiera 10

Ejemplo: Asumir riesgos ante un viaje 12

Ejemplo: Contratar un seguro 13

Conclusiones 14

Autoconciencia 16

Conócete a ti mismo 17

Ejemplo: ¿Acepto o rechazo el proyecto que me ofrecen? 18

Ejemplo: Esquemas organizativos 19

Conclusiones 19

Autocontrol 21

Modera tus emociones 22

Ejemplo: Conmovedora historia 23

Conclusiones 25

Negación 26

Cuando la realidad es difícil de asumir 27

Ejemplo: Resultados no deseados 30

Conclusiones 31

Motivación 32

La fuerza que nos mueve 33

Ejemplo: No puedo volver atrás 35

Conclusiones 36
Gestión del cambio 37
   Nada permanece constante 38
   Ejemplo: Segmentar el mercado objetivo 40
   Conclusiones 41
Estrés 43
   Afrontar situaciones de estrés y complejas 44
   Ejemplo: empresa en caída libre 47
   Conclusiones 48
Enfoque gerencial 50
   Visión panorámica de la empresa 51
   Ejemplo: el mejor comercial 53
   Ejemplo: Mi fabricación es excelente 53
   Conclusión 55
Humildad 57
   El autoengaño es la primera piedra que nos impide avanzar 58
   Ejemplo: la fundación 60
   Conclusión 62
Responsabilidad 63
   Asumir nuestras decisiones 64
   Ejemplo: Nadie me dijo que tenía pérdidas 65
   Ejemplo: cliente moroso 66

- Conclusión 68
- El miedo 69
- Una emoción necesaria 70
- Ejemplo: pedido con pago aplazado 73
- Ejemplo: *cash management* 74
- Conclusión 75
- La comunicación 76
- Implementa una comunicación adecuada 77
- Ejemplo: el *feedback* es esencial 79
- Conclusión 81
- Respeto 82
- Consideración por nosotros y por los recursos que controlamos 83
- Ejemplo: pérdida de tiempo 85
- Conclusión 86
- Perseverancia. 87
- El éxito requiere tiempo 88
- Ejemplo: Empresa de formación con itinerarios 89
- Conclusión 90
- Epílogo 92

AGRADECIMIENTOS

Mi agradecimiento a todas las personas que han aportado sabiduría y experiencia a mi vida y a mi carrera y que han servido de inspiración para escribir este libro. Especialmente a aquellos que se verán reflejados en estas páginas.

Introducción

Inteligencia emocional financiera

¿Cuántas veces nos han instado a no dejarnos llevar por nuestras emociones y a pensar racionalmente el siguiente paso? Es común que se nos invite a pensar desde la razón antes de tomar decisiones importantes. Esto se debe a la idea de que nuestras emociones pueden afectar a nuestra capacidad de razonar de manera clara y lógica.

Sin embargo, también es importante reconocer que nuestras emociones son una parte beneficiosa de nuestra experiencia humana y no debemos negarlas o ignorarlas. En lugar de eso, debemos aprender a equilibrar nuestro razonamiento y emociones antes de elegir una acción. Esto nos permitirá tomar decisiones más informadas y coherentes con nuestros valores y objetivos.

Con particular énfasis se nos ha hecho creer que nuestras emociones tienen poco que ver con las finanzas. Más bien al contrario, la idea que nos ha acompañado es que las finanzas son pura lógica, números y disciplina y que los sentimientos y emociones son distracciones ante la compleja tarea de toma de decisiones financieras. Bajo esa premisa, lo sensato sería erradicar nuestras emociones, inútiles para el entorno financiero.

Es cierto que algunos empresarios alardean de su capacidad para dejar de lado sus emociones y enfocarse en su negocio de manera fría y objetiva. Sin embargo, es importante repetir que las emociones y los sentimientos son una parte natural y legítima de la experiencia humana. En realidad, las emociones pueden ser una fuerza poderosa en el mundo empresarial y pueden tener un impacto significativo en cómo se toman decisiones, se comunican y nos relacionan con los demás. Por lo tanto, es importante aprender a reconocer y gestionar las emociones en lugar de tratar de ignorarlas o negarlas.

Los seres humanos tenemos emociones, y no podemos ni evitar ni elegir las emociones que sentimos, aunque sí podemos gestionarlas de manera inteligente, aprender a identificarlas, y regularlas, para utilizarlas en nuestro beneficio.

De esto trata la inteligencia emocional, que se define como la capacidad de gestionarnos a nosotros mismos y nuestras relaciones de forma eficaz. La capacidad de expresar las emociones y sentimientos percibidos en uno mismo y en los demás, de forma correcta, y sobre todo a la facultad para reconocer la sinceridad de nuestras emociones.

Es tal su importancia en nuestra vida y en nuestros negocios que, cada uno de nosotros, deberíamos identificar correctamente nuestras emociones y tratar de buscar el equilibrio para evitar el conflicto entre sentimientos y razón. El resultado será modular nuestro comportamiento y mejorar nuestra capacidad de resolver problemas y tomar decisiones.

Si te preguntas por la utilidad de este aprendizaje, es seguro que estas herramientas las podemos aplicar en multitud de situaciones en nuestro día a día. Desde que nos levantamos, estamos obligados a tomar decisiones casi constantemente, ¿voy al trabajo por este camino o por el otro?, ¿reservo un vuelo por la mañana o por la tarde? ¿aplazo esta reunión o la mantengo, aunque llegue tarde? La decisión que tomes para cada uno de estos ejemplos tendrá un impacto, mayor o menor, en tu vida. Y si hay un ámbito en el que tomar decisiones es crítico, precisamente es en el ámbito empresarial, concretamente en lo relacionado con las finanzas. ¿Por qué? porque presenta diferentes aspectos muy subjetivos, entre ellos, la incertidumbre y el riesgo. También el impacto de una mala decisión financiera tiende a ser mayor que el de elegir una ruta con mucho más tráfico o pasar tiempo de más en un aeropuerto.

Por ello cada día, cobra más importancia la inteligencia emocional financiera, entendida como la integración de la inteligencia emocional con los conocimientos empresariales tanto de gestión como financieros. El objetivo es desarrollar la capacidad de cada persona para reconocer e interpretar las emociones relacionadas con situaciones financieras. Estas emociones las podrá usar e integrar de manera productiva en los razonamientos financieros y resolución de problemas óptimos en los que cada persona es un universo diferente.

Ejemplo: Asumir riesgos ante un viaje

Imagina que dos amigos, Pedro y Carlos, están planeando un viaje juntos y tienen que decidir cómo llegar al destino. Pedro sugiere que alquilen un coche y hagan el viaje en él, mientras que Carlos sugiere viajar en tren. Pedro argumenta que el viaje en coche sería más barato y les daría la posibilidad de visitar lugares interesantes en el camino. Sin embargo, Carlos insiste que el viaje en tren es mucho más seguro, ya que el riesgo de accidente de tráfico es mayor cuando se viaja en coche.

En este caso, Pedro está más dispuesto a asumir el riesgo de viajar en coche para ahorrar dinero y disfrutar por tener más flexibilidad en el viaje mientras que Carlos tiene una mayor aversión al riesgo y prefiere pagar un poco más por el viaje en tren para minimizar el posible riesgo de sufrir un accidente de tráfico. Claramente la diferente forma de asumir el riesgo los llevaría a reacciones diferente ante la misma situación.

Ejemplo: Contratar un seguro

Dos empresarias, llamadas Carmen y María, compran un vehículo al que darán un uso similar, una de ellas contrata un seguro a todo riesgo para su coche, porque, aunque es más caro, cubre todos los riesgos, y la otra empresaria contrata el seguro mínimo obligatorio, con menos coberturas, pero más barato. ¿Por qué reaccionan diferente ante una misma situación? Porque su interpretación y su aversión al riesgo son distintas.

Los datos y el análisis se conjugan con nuestras áreas emocionales, que realmente son las que influyen en cómo valoramos los riesgos y las recompensas.

Conclusiones

Seguro que piensas que el razonamiento, el diagnóstico y la planificación nos proporcionan un soporte de información y análisis que puede ayudar a evaluar el riesgo y el potencial de retorno de una determinada decisión. Sin embargo, es importante recordar que las emociones también pueden ser una fuente valiosa de información y guía en el proceso de toma de decisiones. Las emociones nos pueden ayudar a percibir cuándo algo no está bien o a sentir empatía hacia otras personas.

Desde esta perspectiva las personas de mayor éxito generalmente mezclan el enfoque lógico con la intuición. Algunas han evitado el fracaso por ser temerosas y cautelosas y otras por ser atrevidas y lanzadas. En general, el equilibrio entre el análisis lógico y las emociones (tanto las propias como las ajenas), junto con la disciplina del análisis, puede ayudar a tomar decisiones más efectivas y llevar a resultados deseados.

Las emociones también pueden ser una fuente de motivación y compromiso con los valores y principios morales de una persona. A veces es necesario tomar decisiones éticas y correctas que pueden no ser óptimas a corto plazo o desde un punto de vista numérico, pero que a largo plazo o desde un punto de vista no numérico pueden maximizar los beneficios. Por ejemplo, una empresa toma la decisión de reducir el impacto ambiental de sus operaciones, aunque esto pueda implicar un coste a corto plazo. Sin embargo, a largo plazo, esta decisión puede traer beneficios, como una mejora en la reputación e imagen de la empresa y una mayor lealtad de los clientes.

En resumen, necesitamos entender el uso inteligente de nuestras emociones y del análisis de datos, ambas cosas van a enriquecer nuestra labor empresarial y financiera. Y no estoy aconsejando que debamos permitir que nuestras emociones campen o dominen nuestra toma de decisiones. La clave para una inteligencia emocional financiera exitosa radica en nuestra capacidad de canalizar nuestras emociones en resultados más productivos, no en reprimirlas.

Los gestores que mejoran estas capacidades suelen destacar en su labor profesional. Esto no tiene por qué ser innato, puede surgir en cualquier momento, por un cambio de rol, por una responsabilidad nueva, o por una transformación de la empresa. Lo importante es tener la capacidad crítica y la necesidad de mejora.

Y aunque no existe el enfoque perfecto, trabajando los datos y las emociones estaremos en disposición de resolver problemas sencillos y en disposición de simplificar los asuntos más complejos. Esta preparación también nos ayudará a resolver algunos dilemas morales, a los que personalmente les otorgo gran importancia.

Autoconciencia

Conócete a ti mismo

El conocimiento de uno mismo, incluyendo la comprensión de nuestras emociones y cómo afectan a nuestro pensamiento y comportamiento, es una base importante de la inteligencia emocional. El conocimiento de uno mismo es esencial para ser capaces de gestionar nuestras emociones de manera efectiva.

El objetivo es conseguir la habilidad de regular las emociones facilitando un crecimiento emocional e intelectual.

La autoconciencia implica conocer nuestras emociones, pensamientos, valores, puntos fuertes y débiles, así como impulsos y reacciones que tenemos ante determinadas situaciones.

¿Qué nos permite esto? Reconocer los patrones con los que funcionamos en nuestro día a día, porque a través de ellos en un momento dado, vamos a decidirnos por una inversión u otra, elegir un proveedor u otro, descartar o no un proyecto, decisiones que se trasladarán en beneficio o pérdida económica.

Tener un nivel razonable de autoconciencia nos hace saber qué nos gusta, qué nos molesta, qué nos enfada, qué objetivos empresariales perseguimos, qué habilidades tenemos, qué limitaciones. A veces, jugamos al escondite, no queremos saberlo a propósito, es decir carecemos de este conocimiento, y ¿cuál es la consecuencia? perdemos el control acerca de nosotros mismos, esto nos puede hacer tomar decisiones incómodas, inadecuadas y entrar en contradicción con nuestros propios valores, trabajar con desagrado y desarrollar trabajos o funciones que no dominamos. Estaremos permanentemente inseguros y todo será complicado.

No tenemos una vía clara de proceder, dudamos, planteamos, replanteamos, entramos en un bucle. Para nosotros es complicado lidiar con ese conflicto y es una auténtica traba para dirigir una empresa o un proyecto.

Si tenemos un alto grado de autoconciencia sabremos cuál de las decisiones se alinea con nuestro criterio y nos deja más satisfechos. Sabremos dónde están nuestras líneas rojas, que no podemos traspasar ni dejaremos que nadie lo haga, esto es fundamental en un entorno de trabajo porque facilita y simplifica las decisiones que a veces se deben tomar rápidas, con poco tiempo para pensar y en un ambiente estresante y complicado.

Ejemplo: ¿Acepto o rechazo el proyecto que me ofrecen?

Un profesional recibe un encargo económico financiero de un cliente, pero va entrelazado con temas jurídicos y legales. Este profesional domina la parte económico-financiera, pero no tiene soltura con aspectos legales y además le incomodan. Le gustaría llevarlo a cabo porque supone un beneficio económico importante, con un aumento en sus ingresos.

Si se esconde detrás de la excusa del aumento de ingresos, aceptará el encargo y sobrellevará un proyecto incómodo, incompleto, inseguro. La consecuencia es que afectará al resultado. Quizá no llegue a ser un fracaso, pero lo que puedo asegurar es que no será un trabajo brillante.

Un profesional con un alto grado de autoconocimiento rechazaría de forma inmediata ese encargo porque excede a sus competencias y preferirá destinar sus recursos en trabajos adaptados a sus habilidades, en este caso ceñidas al ámbito financiero.

Ejemplo: Esquemas organizativos

Conozco al director financiero de una importante fábrica de quesos, es un profesional muy organizado y disciplinado que no sabe trabajar en escenarios improvisados, necesita que todo esté milimétricamente previsto.

Es sumamente consciente de esa circunstancia y para evitar la angustia que le provoca la falta de esquemas, cuando convoca las habituales reuniones del departamento, previamente envía un orden del día con los puntos que se tratarán, para que cada uno de los asistentes conozca y lleve los temas preparados. Inclusive incluye el tiempo estimado para cada punto, para que los asistentes sepan cuánto tiempo se dedicará a cada tema y puedan planificar su tiempo de manera adecuada.

El autoconocimiento le ha llevado a trabajar con esquemas organizativos.

Conclusiones

No hay una norma única, cada uno somos un universo diferente y, en consecuencia, debemos averiguar qué cosas tienen importancia para nosotros, cómo las experimentamos, qué es lo que queremos y sentimos y cuáles son nuestras limitaciones. Me atrevo a decir que no ser conscientes de nuestras limitaciones, es uno de los mayores problemas y además suele tener difícil solución.

¿Cuánto te conoces a ti mismo? ¿poco? puedes trabajar esta habilidad de la autoconciencia. Si consigues una especie de guía de actuación, simplificará tu reacción y te resultará más sencillo resolver problemas y, algo muy importante, encontrarás satisfacción con tus decisiones. Nada garantiza que la decisión sea acertada, te puedes equivocar, por supuesto que sí, pero será una decisión alineada a tus valores y encaminada hacia tus objetivos.

Algunos autores dicen que el autoconocimiento es como tener una brújula interna que nos permite saber hacia dónde vamos, sin dudar. Personalmente me gusta este símil, genera seguridad y confianza, y evita conflictos internos, es un facilitador para abordar los retos diarios.

Auto reflexionar, reconocer y cambiar, no es fácil, pero esa es la clave y es una habilidad que puede mejorar con la práctica.

Autocontrol

Modera tus emociones

No se trata de anular las emociones, sino de comprenderlas y utilizarlas. Las emociones a veces mejoran y a veces dificultan nuestra capacidad de pensar, de planificar, y por ello se necesita un entrenamiento para establecer unos límites, unos mecanismos que nos ayuden a regular su efecto.

Muchos dicen que en realidad las emociones, en esencia, son impulsos. No tengo dudas de que el éxito radicará en dominar las emociones. Mejor dicho, el objetivo será controlar las explosiones emocionales que pueden afectar a nuestro bienestar y nuestro éxito.

Para ello uno de los mejores consejos que yo misma practico habitualmente es seguir un guion o pauta de comportamiento, y evitar entre otras cosas, los arrebatos. En momentos de tensión se puede anular la objetividad y actuar sin argumentos. Debemos protegernos contra posibles decisiones no adaptadas, no argumentadas y no meditadas.

Debes saber que el guion será cambiante y aparecerán elementos no previstos que lo modificarán, pero cuando esto ocurra, nunca debemos perder la capacidad de reflexionar y sopesar el nuevo escenario. No te precipites, actúa con calma. Lo que no hagas o no digas ahora, siempre podrás hacerlo o decirlo más tarde, pero lo que digas o hagas ahora, no podrás anularlo. En la vida real el botón "deshacer" no existe.

Y, por último, si tras esos pasos sigues inseguro, aplaza tu reacción y no tomes ninguna decisión.

En muy pocas ocasiones te verás obligado a tomar una decisión inmediata, puedes y debes meditar tu respuesta, inclusive en nuestras conversaciones usuales. Ser reflexivo te evitará problemas.

Entonces, la sencilla y básica regla de pensar antes de actuar es seguramente la mejor técnica y además seremos coherentes con nuestros comportamientos y una referencia para nuestros compañeros o colaboradores.

Ejemplo: Conmovedora historia

Recuerdo que un martes por la mañana, el gerente de una constructora y los responsables del área financiera de esa empresa mantuvimos una reunión sobre la conveniencia de una nueva inversión: adquirir una promoción de viviendas. Se trataba de una construcción ya iniciada, pero paralizada por diferentes problemas de financiación de su actual propietario. Tras un análisis riguroso y objetivo, concluimos que no tenía ningún punto de interés económico y desechamos la propuesta.

El gerente mantendría una reunión esa misma tarde para transmitir al vendedor la unánime respuesta: desestimar la inversión. Al día siguiente el gerente volvió a reunirnos a todo el equipo para comunicar que en el último momento modificó su decisión decidiendo comprar las viviendas en construcción.

¿Qué había ocurrido? Ningún miembro del equipo entendíamos nada y solicitábamos una explicación. El gerente nos aclara que, en esa reunión, el vendedor había explicado que toda la ruinosa promoción derivaba de una situación personal que acababa de atravesar. Le manifestó que durante un largo periodo de tiempo se encargó de cuidar a su hija enferma y desatendió las gestiones inmobiliarias. Finalmente, toda esa situación personal le había sumido en una depresión que le impidió reflotar el proyecto.

¿Qué había generado esa triste historia? Un fuerte estímulo en el receptor, en este caso en el gerente de la empresa compradora. Este drama disparó sus emociones, provocando una reacción no prevista y no controlada. Se dejó llevar por un impulso, obviando todo lo analizado y anteponiendo el **deseo vehemente de compensación** hacia alguien que había sufrido tanto. Hasta el punto de cambiar su decisión. ¿Queréis saber cómo terminó la historia? Como consecuencia de esa decisión, unos meses más tarde en lugar de una empresa arruinada, fueron dos. Sí, dos empresas quebradas, la adquiriente y la del anterior propietario de las viviendas.

En este caso el gerente, al recibir nueva información, debería haber planteado una segunda reunión con el equipo para considerar y contrastar el posible cambio de decisión.

El gerente no debió tomar una decisión profesional en esas circunstancias. Es cierto que su guion que se vio alterado tras una conversación de carácter personal. Si el gerente hubiese trabajado esta habilidad, habría convocado una nueva reunión para valorar el nuevo escenario, pero nunca se hubiera dejado arrastrar por esa explosión emocional.

Conclusiones

Esto no es un caso aislado, no exagero si digo que sucede a diario. El entorno laboral es propenso a situaciones cambiantes, complejas e inesperadas, y nuestra reacción es clave por las graves consecuencias que se derivan. No es lo mismo comprarse unos zapatos que no usaremos jamás, que siendo una mala decisión no tiene consecuencias, que firmar una compra ruinosa que deja varias empresas quebradas y más de cien trabajadores sin trabajo.

Hay una frase de Goleman, con la que me gustaría concluir este apartado, por su importancia en el mundo de las finanzas y es que "tal vez no hay habilidad psicológica más esencial que la de resistir el impulso".

Inteligencia emocional en las finanzas

Negación

Cuando la realidad es difícil de asumir

Desde el punto de vista de la psicología, la negación es un mecanismo de defensa que consiste en enfrentarse a los conflictos negando su existencia o la relación respecto de nosotros mismos.

Se rechazan aquellos aspectos de la realidad que se consideran desagradables.

Generalmente las personas nos enfrentamos casi constantemente a conflictos emocionales y amenazas, que pueden ser de origen interno o externo. Si el problema es muy grave, como la pérdida de un ser querido, la mayoría de los individuos pasan por varias fases inevitables, la negación, la rabia, la depresión y la tristeza y finalmente la aceptación.

En la empresa también la primera reacción ante una mala noticia suele ser la negación, el responsable se niega a reconocer aquellos asuntos incómodos o difíciles de resolver.

Es importante saber que el mundo empresarial debe gestionarse de manera diferente al personal. En el ámbito personal el proceso descrito antes es necesario. El tiempo y el resto de las circunstancias conseguirán sanar las heridas, algunas totalmente y otras heridas convivirán con nosotros siempre, pero ayudarán a disminuir la intensidad del dolor.

¿Cuál es la diferencia respecto del ámbito empresarial? en la empresa el tiempo no cura nada, y las soluciones no llegan solas. Si mantenemos una primera fase de negación, la consecuencia es evidente, si para el responsable no existe el problema, es imposible tener una respuesta para resolverlo.

En la empresa el duelo no puede existir y debemos trabajar para reducirlo al mínimo. Quiero recordar que el tiempo es un recurso muy valioso que junto con el dinero conforman los ejes fundamentales en la gestión empresarial.

Si algo me ha enseñado mi experiencia trabajando con diferentes tipos de empresas, es que la realidad es nuestra enemiga cuando la negamos. Y en consecuencia la aceptación es la clave para generar la solución. El análisis y el conocimiento de lo que sucede en las finanzas, de la realidad sin edulcorantes, suele ser el pivote principal que nos permite ser creativos, avanzar, crecer, perfeccionar nuestro negocio, encontrar otras salidas que no habíamos imaginado y sobre todo mejorar. No soy partidaria de considerar que los problemas sean algo positivo, pero a veces son inevitables y sobre todo seguirán existiendo.

Te recomiendo intentar afrontar el problema, analizando la situación y buscando, no solo la solución más adecuada, sino una lección de dicho problema. De esta forma tendremos, por un lado, un problema solucionado y por otro, un aprendizaje que nos ayudará en el futuro. Cada vez tendremos mayor experiencia en el manejo de este tipo de situaciones. Pensarás que decirlo es fácil pero las circunstancias nos atropellan a menudo y nos olvidamos de estas prácticas. Te comentaré la mejor forma de proceder ante una incómoda realidad.

Primero: No niegues la evidencia y menos aún la justifiques. No digas, este mes he tenido pérdidas por el mal tiempo, por las vacaciones del encargado, por el retraso de tal proveedor. Cierto que el análisis puede ser el adecuado, pero no para justificar los malos resultados o los errores, sino para poner remedio. Nadie está a salvo de problemas o situaciones incómodas, por ello, no ocultes, incluso si el origen del problema es interno, saca a la luz los errores. Tenemos una ventaja, en finanzas generalmente nos expresamos en números y estos son inopinables. Si el resultado del ejercicio en negativo, hay pérdidas. Nada va a cambiar ese dato. Pasados dos meses o dos años, los números seguirán diciendo lo mismo.

Segundo: Reacciona con calma y busca el motivo y el origen. Soy jugadora de pádel y cuando fallo, algo habitual, me enfado, mejor dicho, me enfadaba. Realmente me enfadaba mucho, hasta que mi entrenador me hizo ver que así no aprendería. Enfadarse es una reacción humana lógica, pero inmediatamente has de reaccionar, ver qué has hecho mal y corregir, es la forma de aprender y de no perder tiempo ni energía. Ese es el camino. En las empresas ocurre lo mismo.

Tercero: Ya hemos aceptado que tenemos un problema y hemos buscado la causa de manera calmada, por tanto, nos queda el último paso: actuar, poner remedio. Es importante no saltarnos ningún paso, ya que, si hemos analizado la situación de forma correcta y controlada, evitaremos que la precipitación provoque nuevos errores. Actúa con serenidad, pero actúa, no te paralices.

Ejemplo: Resultados no deseados

Entre mis labores profesionales, está ayudar a empresas en sus análisis financieros. Me reúno con los socios, equipo de dirección o responsables para interpretar los resultados y generalmente plantear las posibles vías de mejora.

No hace muchos meses, en una de las empresas los resultados no eran los deseados, más bien al contrario, una mala decisión ocasionó una pérdida importante de beneficio y obligaba a tomar medidas para revertir el resultado. Tras exponer la situación, lo siguiente era diseñar, proponer y plantear posibles soluciones para volver a la senda del beneficio. En lugar de esto, uno de los socios, muy serio dirigiéndose a mí, dice ¿ha venido usted a atormentarnos el día con estos resultados?

Mi respuesta fue que entendía que sus expectativas eran diferentes a la realidad, que yo también prefería tener delante unos datos positivos que indicaran un gran beneficio, pero que la realidad era diferente y solo podíamos hacer una cosa, plantear soluciones.

Obviamente me despedí de la reunión y les dejé con esa reflexión, ¿querían tomar decisiones para resolver el problema o preferían permanecer impasibles y dando continuidad a los desaciertos realizados? ¿Para qué se analiza una empresa? Evidentemente para verificar si la evolución es la prevista y deseada o para modificar lo que no va bien, es decir detectar y aprender de los errores. Claramente no mostraron ninguna intención de modificar ni de asumir las consecuencias de su equivocada decisión, pero la realidad y la objetividad la aportaban los números.

Se trata de su empresa, de su gestión, de sus errores. Es su responsabilidad. Yo no puedo tomar las decisiones por ellos, pero sí tengo que advertirles.

Una semana más tarde me llamó ese mismo socio, administrador de la empresa, para decirme ¿crees que sería buena idea si cancelamos el contrato? (se refería al acuerdo ruinoso y origen del problema) ¿Y si optamos por ampliar el mercado en la zona norte donde hay posibilidad de nuevos clientes? ¿Podríamos estudiar el impacto que tendríamos si incluimos una nueva gama de productos? y bla bla bla, continuó con algunas otras propuestas. ¡¡Vaya!!, ¡Qué alegría!, había gestionado la situación y decidido hacer lo inteligente, reconocer el error, aprender y actuar poniendo rumbo hacia la sensatez.

Conclusiones

Aunque la primera reacción ante una situación problemática sea el rechazo, te recomiendo que mires la realidad de frente y ante un problema te preguntes ¿qué puedo hacer desde ahora mismo para corregir, minimizar el impacto y evitar que vuelva a suceder? Créeme, si no te diriges hacia ese objetivo, no lograrás nada.

Motivación

La fuerza que nos mueve

La motivación es para cada uno de nosotros lo que un motor para un vehículo, sin ella nada tiene sentido, y en situaciones difíciles puede ser nuestra tabla de salvación.

En el diccionario de la Real Academia Española motivar es "Proporcionar motivo o razón para que cierta cosa ocurra o para que alguien actúe de una manera determinada".

Pero la motivación no es algo innato, ni aparece por generación espontánea, ni es un estado propiamente dicho, nadie está motivado sin más. En la mayoría de los estudios se habla de dos tipos de motivaciones atendiendo a su origen: externa e interna.

La primera de ellas viene de factores externos como por ejemplo un salario más elevado o un puesto de mucho prestigio. La segunda, la motivación de origen interno, viene derivada de desafíos, retos y de una inquietud interior. Esta clasificación es correcta referida al ámbito personal, pero en la empresa, hay un ingrediente imprescindible para que la motivación surja, y no es otro que marcarse un objetivo en el horizonte.

Pero cuidado, no debemos confundir el objetivo con la utopía, las metas deben ser razonables, lógicas, alcanzables, porque en caso contrario en lugar de motivación, generarán frustración.

En la ceremonia de mi graduación, el invitado que actuaba como padrino de la promoción, nos habló precisamente sobre la utopía y decía que "La utopía está en el horizonte". ¿Qué significa? Que, si caminamos dos pasos, el horizonte se aleja dos pasos más. ¿Entonces para qué sirve el horizonte? Para eso, sirve para ir dando pasos, para avanzar.

En las empresas necesitamos resultados medibles, por ejemplo, disminuir el nivel de existencias en un 10% puede ser un objetivo sensato, y puede actuar como una motivación, pero plantear una reducción del 60% será un delirio, una meta inalcanzable, que acabará consiguiendo justo lo contrario: desánimo y desmotivación, a veces incluso frustración.

Esto no significa que renunciemos a objetivos o metas ambiciosas. Significa que, si el objetivo es muy ambicioso, no será fácil conseguirlo y en estos casos suele funcionar muy bien fraccionarlo. ¿A qué me refiero? Pensemos en una escalera gigantesca. Solo el hecho de plantearnos que debemos subir hasta el final es un disuasorio, pero ¿qué ocurre si la dividimos en tramos? La vemos asequible, subimos un tramo, ¡¡¡lo hemos conseguido!!!, aumento de motivación para el siguiente tramo, ¡¡subimos otro!! y así llegaremos a la meta, sin ninguna duda.

Estamos de acuerdo en algo: ese desafío, ese reto, es lo que impulsa a cada empresario, pero en realidad os sorprendería comprobar que los empresarios más motivados no son los que se mueven en pos de ese objetivo, sino justo lo contrario, la motivación es la que les empuja, les espolea a ellos y no a la inversa.

Para diferenciar mejor entre estos dos tipos de motivación, imagina que estás en el campo y quieres ver un lago al otro lado de un bosque. Seguramente el deseo de contemplar el lago te impulsará a caminar rápido, tu motivación es disfrutar de ese agradable panorama, esa es la motivación que "te atrae". Por otro lado, si imaginas que hay un león o un incendio y debes salir de esa zona para salvarte del peligro, esa es la motivación que "te impulsa". Pregúntate si en ambos casos irías a la misma velocidad. ¿En cuál irías más rápido?

Claramente, si huyes de algo, la motivación será mayor.

Ejemplo: No puedo volver atrás

Un conocido asesor financiero, antes de cursar sus estudios universitarios de economía, trabajaba en un taller de troquelado de cuero para el calzado. Cuenta que aprendió el oficio de su padre y era un trabajo que desarrollaba desde pequeño pero que, sin embargo, odiaba. Una mañana decidió dejar atrás el olor a polvo y grasa y se matriculó en la universidad. Cada vez que algún compañero se quejaba de las largas horas de estudio o la dificultad de alguna materia, él recordaba el olor a grasa y era suficiente para combatir cualquier incomodidad o desaliento en sus estudios. Era feliz aprendiendo contabilidad o analizando el comportamiento de los agregados macroeconómicos, ya que eso lo alejaba de las máquinas y del ambiente laboral que le había causado tanta insatisfacción en el pasado. Su motivación no era alcanzar un objetivo específico, sino escapar de un mundo que odiaba.

Conclusiones

La motivación es el motor que nos mueve para lograr nuestros objetivos, alcanzar nuestros sueños o para dejar atrás una situación que despreciamos. Es esencial tener claro cuál es nuestra situación actual y qué es lo que deseamos en el futuro para encontrar la motivación adecuada que nos lleve hacia allí.

Inteligencia emocional en las finanzas

Gestión del cambio

Nada permanece constante

Las empresas pasan por varias fases, que podemos concretar en tres: Inicio, Madurez y Declive.

La primera fase, el inicio, es crucial porque el emprendedor debe encaminar la actividad para llevarlo a buen puerto. Es la etapa en la que ponemos a funcionar el negocio, pero es una etapa corta, generalmente el despegue es rápido.

Una vez finalizada y asentada esta etapa inicial, nos encontramos en la fase más larga, en la que la empresa desarrollará prácticamente toda su existencia, estamos en la etapa de madurez.

Afrontar esta segunda etapa parece fácil porque ya hemos superamos la dura prueba de crearla y entramos en un periodo estable. En ese periodo es también cuando el empresario asimila la mecánica del negocio, y cuando genera sus propias rutinas. Y precisamente esta suele ser la principal causa de la muerte de las PYMES: la rutina.

Aunque pudiera parecer que una empresa funciona por inercia, las empresas no tienen modo "piloto automático". En esta etapa, en contra de la creencia general, la empresa está en calma aparente, pero siempre hay oleaje y además necesita de estímulos constantes: ilusión, motivación, formación, nuevas tecnologías, nuevos sistemas organizativos, ingenio y creatividad. Hacer oídos sordos a estas necesidades es la muerte anunciada de la empresa.

La capacidad de adaptarse y gestionar los cambios es crucial para asegurar la supervivencia y el éxito de una empresa. Esto implica un proceso continuo de renovación y actualización con implicación en aspectos externos como internos de la organización.

En cuanto al ámbito externo, en nuestro entorno suceden cosas: cambia la demanda, aumenta la competencia, existen los ciclos económicos, o se imponen nuevas políticas económicas. Esto por sí solo no provoca el declive de las empresas, pero evidencia la capacidad o incapacidad de adaptarse a ese cambiante entorno, es decir, pone de manifiesto lo débil que es la empresa.

Si hay una crisis, el empresario piensa ¿qué culpa tengo yo? Ninguna, evidentemente, pero debes actuar en consecuencia. Por ejemplo, tu producto o servicio es menos demandado, ¿puedes ampliar el mercado o introducir alguna variación? o ¿conoces el margen de beneficio de cada producto para reducirlo o incorporar algún plus que le haga más competitivo, más atractivo? Puedes hacer muchas cosas, solo necesitas una respuesta adaptada.

En cuanto al ámbito interno, los cambios pueden venir por renovación en la dirección de la empresa, sustitución de jefes de departamento o una sucesión generacional. En cualquiera de esas situaciones la empresa no debe sufrir, sino todo lo contrario, aprovecharse de una transición dulce, suave, que mantenga los valores y principios que la han llevado al éxito y donde se puedan mejorar las ineficiencias. Se puede conseguir una oportunidad para sembrar nuevas iniciativas de mejora. Un primer paso puede consistir en un sencillo análisis. Se trata de anotar en una hoja, qué cosas funcionan bien en la empresa y qué son o han sido las señas de identidad, esas que la han llevado al éxito. Por otro lado, anotaremos aquello que no funciona, por ejemplo, procesos que han dejado de ser eficientes. Las primeras las potenciaremos y las segundas, las negativas, las modificaremos, sustituiremos o mejoraremos. Siempre teniendo en cuenta los intereses de la empresa y los objetivos que se han marcado. Estarás de acuerdo conmigo en que es esencial que se implique el equipo o las personas que van a asumir el control de la empresa.

Es importante recordar que motivación y cambio van de la mano. Si todo sigue igual en una empresa, si no está en constante regeneración, la motivación desaparece y entramos en la tercera y última etapa: el declive, el final de la empresa. Si la empresa vive de espaldas a esta realidad cuando llegue el momento, el proceso para afrontar los cambios será traumático.

Parafraseando al Mago More, hay dos momentos ideales para la gestión del cambio: cuando las cosas van bien y cuando las cosas van mal.

Ejemplo: Segmentar el mercado objetivo

Uno de los casos de éxito en la gestión del cambio tuvo lugar en la famosa cadena hotelera internacional NH, con hoteles en Europa, América y China. La empresa siempre ha gozado de un alto prestigio, pero "en lugar de acomodarse" observaron que los clientes demandaban servicios diferenciados, y la compañía, liderada por un CEO valiente, impulsó una nueva definición estratégica, con el terremoto empresarial que eso supone: cambios sustanciales que afectaron a la marca, desde que pasó a segmentarse en cuatro diferentes y crear una nueva, hasta un plan de transformación y reposicionamiento de los propios hoteles. El mayor reto no fue el económico, sino trasladar con éxito esa transformación a todos los trabajadores, desde los directores de hoteles a los camareros.

La clave estuvo en la visión del CEO para implicar e involucrar a todos los empleados, informándoles mediante el desarrollo de canales de comunicación adecuados. Con ello se consiguió que los propios empleados fuesen los que contasen al mundo, a través de RRSS, el proceso de transformación de la cadena hotelera. Y no fue algo puntual, a partir de ahí se desarrolló una aplicación, una app, para que todos los trabajadores estuvieran, si lo deseaban, informados de las novedades de la empresa, sintiéndose parte importante. La mejora global como empresa ha sido espectacular.

Si en lugar de estas acciones, los responsables de la empresa hubieran seguido instalados en el mismo modelo de negocio, lo que al principio hubiera sido una pequeña disminución de clientes en busca de otro tipo de oferta (en aquel momento poco significativa para el gran volumen de beneficios que obtenían), podría haber acabado con el declive de todo el grupo hotelero.

Conclusiones

No resultará fácil mantener la cultura de cambio porque el ser humano está más preparado para resistir el cambio que para cambiar, pero tú decides: "si no haces nada, es más que probable que tus días de empresario estén contados".

Termino con la frase atribuida a Charles Darwin válida para cualquier organización "No es el más fuerte ni el más inteligente el que sobrevive, sino aquel que mejor se adapta a los cambios".

Estrés

Afrontar situaciones de estrés y complejas

El estrés es la reacción de nuestro cuerpo y de nuestra mente ante una situación que nos desbordan. ¿Por qué se produce? Porque nuestro cerebro intenta volver a recuperar el equilibrio ante un caos o un desajuste que hayamos sufrido. Por ejemplo, cuando no podemos terminar un trabajo en la fecha en la que nos habíamos comprometido, cuando no sabemos resolver un problema o la escasez de dinero, este punto de estrés financiero suele generar preocupaciones persistentes, especialmente en el contexto de la inseguridad de la economía actual.

A menudo se habla de estrés bueno y estrés malo. Yo difiero porque en realidad el estrés nunca es bueno. Es casi imposible que una situación placentera provoque estrés. Lo esencial es mantener el estrés a raya. Para lograrlo, es fundamental comprender su origen y la causa subyacente. Por ejemplo, una de las situaciones que más estrés genera es la necesidad urgente de dinero para hacer frente a deudas inmediatas.

Pero ¿cómo podemos reducir el estrés? Te propongo una receta con tres ingredientes clave: calma y análisis, realidad y honestidad y el tercer ingrediente, priorización. **En primer lugar, es importante afrontar los problemas con calma** ya que el estrés es una reacción física que requiere serenidad para ser manejada. **En segundo lugar, debemos ser realistas** y asumir que el problema puede tener su origen tanto dentro como fuera de la empresa. Una actitud pasiva, considerándose víctima de las circunstancias, no es útil. En cambio, asumir la responsabilidad y buscar soluciones es la respuesta acertada.

En el ámbito empresarial, es crucial reducir los plazos de respuesta, ya que el tiempo no atenúa el estrés, sino que puede agravarlo. Actuar prontamente ante las situaciones estresantes es la mejor opción.

Por tanto, nuestro objetivo debe ser reducir el tiempo de "lamentación".

Por último, es necesario priorizar las situaciones más urgentes. No se puede pretender resolver todos los problemas de la empresa de manera instantánea. Es fundamental sentirse bien por estar tomando el control de la situación y trabajar en el desarrollo de nuevos hábitos que eviten episodios estresantes en el futuro.

Los problemas nunca son sencillos. Aplica coherencia entre lo que decides y lo que haces. Tú y tu cerebro empezaréis a funcionar en equilibrio.

En mi experiencia, cuando participo en reuniones para resolver situaciones críticas o complejas, a menudo me encuentro que los responsables y gerentes pueden entrar en un bucle de preocupación y miedo, sin avanzar hacia soluciones. Mi enfoque es cambiar la dinámica de la conversación hacia un terreno fértil para proponer soluciones. Invito a todos a generar un *brainstorming* y proponer al menos tres posibles soluciones para abordar la situación.

De esta manera, la discusión se vuelve positiva, nos focalizamos en soluciones, no en problemas. Por supuesto, algunas ideas se descartarán, pero otras se adoptarán, incluso las más ilógicas pueden servir para generar nuevas propuestas y pivotar a otra solución no imaginada. El objetivo se ha cumplido, se trataba de dar el primer paso, que era la propuesta de soluciones.

Es crucial encontrar una solución válida, que dependa mayormente de nosotros y tenga un efecto duradero a medio o largo plazo. A veces las decisiones incómodas son necesarias para resolver problemas a largo plazo, en lugar de buscar soluciones momentáneas pero que no solucionan el problema de fondo.

Por ejemplo, la decisión de cerrar una unidad de negocio y prescindir de diez trabajadores puede parecer una mala solución en un primer momento, ya que implica situaciones personales. Sin embargo, si esto permite controlar las pérdidas y regresar al crecimiento a medio plazo, se vuelve una opción más viable y responsable desde el punto de vista empresarial. Por otro lado, mantener a los trabajadores sin tener recursos para pagarles no solo agrava la situación financiera de la empresa, sino que también impacta negativamente en la moral y estabilidad de un mayor número de empleados, creando una espiral descendente de problemas a largo plazo. Es esencial considerar el impacto a corto y largo plazo al tomar decisiones difíciles en situaciones difíciles. Piensa que, para lidiar con el estrés, es esencial abordar los problemas con calma, enfrentar la realidad con honestidad y priorizar las soluciones. La clave está en actuar de manera proactiva, asumiendo la responsabilidad y buscando soluciones sostenibles a largo plazo.

Ejemplo: empresa en caída libre

Hace poco conocí una empresa con una situación de graves pérdidas y endeudamiento severo, necesitaba una reestructuración de costes implantando un plan complejo y difícil, pero algún "iluminado" planteó que la solución era más sencilla: "Dejar de pagar y esperar a que todos los bancos y acreedores llamasen para negociar las deudas". Los administradores de la empresa ¿a quienes tuvieron en cuenta? Optaron por esta última idea que les pareció sencilla y cómoda y se marcharon tranquilos a casa.

A corto plazo fue perfecto. Esos primeros días, debieron ser maravillosos, sin atender ningún pago, y sin estrés ¡qué solución más genial!

¿Qué creéis que pasó? Durante ese corto lapso vivieron con la ilusión de no tener problemas, pero después, la situación fue insostenible, y hoy la empresa ya no existe. Consecuencia: los trabajadores en el paro, los proveedores sin cobrar y el empresario endeudado y además con embargos en sus bienes personales.

Uso este ejemplo real para demostrar que, ante situaciones difíciles con las que conviviremos en algún momento de nuestra trayectoria empresarial, el estrés y la complejidad los combatiremos tomando ... ¿Qué? Decisiones.

Conclusiones

Piensa que esto no es el día a día, hablamos de una situación extraordinaria, difícil, muy complicada. Pero eres el actor principal de tu empresa y, por tanto, es necesario que tengas claros dos puntos importantes:

1º Actúa de manera rápida, sin buscar excusas, con soluciones que dependan de la empresa

2º Valora las consecuencias a medio y largo plazo, para adoptar la que, en conjunto, sea menos mala.

Pocas veces acertarás orientando la solución para el corto plazo.

Hay una frase que describe muy bien este contenido y que se le atribuya a Henry Ford: "La mayoría de las personas gastan más tiempo y energías en hablar de los problemas que en afrontarlos".

Enfoque gerencial

Visión panorámica de la empresa

La mayoría de los problemas empresariales no tienen una solución vinculada a un único departamento. A veces debemos atender a cuestiones financieras, comerciales, productivas, etc.

¿Sabes que este es un tema en el que pienso a menudo? Me pregunto dónde radica el éxito de una empresa ¿un buen producto? ¿Marketing potente? ¿Distribución adecuada? ¿Control económico? ¿Calidad y buen servicio? ¿Un equipo cualificado y motivado? ¿Cuál crees tú que es el puntal donde se fundamenta el éxito de una empresa?

Finalmente he concluido que el éxito radica en tener una dosis adecuada de cada uno, como una buena receta de cocina, todos los ingredientes son imprescindibles para conseguir el sabor deseado.

Si el éxito en una empresa depende de todos los departamentos, deberemos darles importancia a todos ellos. Esto que es fácil de entender ¿Por qué no ocurre?

Generalmente el error proviene del origen del empresario. "Si has sido cocinero antes que fraile" priorizarás la cocina y será la parte que más te preocupe. No es la única causa, otras veces será por hacer "oídos sordos" o lo que es lo mismo, no prestar atención a las áreas que no nos gustan.

En el mundo de la fotografía, un objetivo gran angular es aquel que consigue un ángulo de visión mayor al de la visión humana, y si lo trasladamos al campo de una empresa, estarás de acuerdo conmigo en lo importante de tener esa visión amplia de tu negocio. Pero te preguntarás ¿cómo debemos actuar para conseguir ese necesario enfoque gran angular? ¿Cómo podemos conseguirlo en nuestro negocio? Te propongo estas recomendaciones:

CONOCE todas las áreas de tu empresa. No pierdas de vista el mapa completo, esto evitará que puedas relegar áreas solo porque no las conoces o no son tu especialidad.

No tienes que hacerlo todo, pero sí preocuparte de que todo se gestiona conforme a la política de la empresa. Si eres una empresa mediana, podrás contratar a responsables expertos en cada una de las parcelas que componen la empresa.

Si eres una microempresa o un autónomo, puede ser más complicado. No tienes responsables que se encarguen de esos otros departamentos, pero como debes tener una visión global de tu negocio, tienes que formarte en aquellos aspectos que menos dominas, y como última opción también puedes subcontratar servicios concretos que para ti sean más complicados.

RECONOCE la debilidad de tu empresa. No la encubras, en ocasiones esa debilidad será suficientemente importante para que tu empresa pueda ir a la quiebra, y en otras ocasiones se verá minimizada u ocultada quizá porque el negocio goza de un alto margen o porque un nicho de mercado favorece las ventas y a pesar de esa debilidad, sigue manteniéndose viva, pero estás perdiendo rentabilidad.

Ejemplo: el mejor comercial

Tengo un amigo, al que llamaré Pedro, que durante años ha sido director comercial de una gran empresa, con grandes dotes para la relación interpersonal y por tanto con numerosos clientes. Un buen día decidió montar su propia empresa, convencido de que la mayoría de los clientes le seguirían, y efectivamente no se equivocó, prácticamente todos los clientes pasaron a su nueva empresa. Había cumplido su objetivo, porque el área comercial era su punto fuerte. ¿Y qué ocurrió con el resto de los departamentos? Su mayor despreocupación eran las finanzas, entre otras cosas porque carecía de conocimientos financieros, y aunque el producto que comercializaba no ofrecía complicaciones para fijar precios ni escandallos, descuidó aspectos "vitales" como los recursos financieros. Por citar algún aspecto relevante, pasó por alto las consecuencias de la venta a crédito, no tuvo en cuenta el plazo de cobro de los clientes y esto le generó un problema de tesorería de tal magnitud que no pudo atender las facturas de algunos proveedores. Estos paralizaron los suministros hasta resolver los cobros. Pedro acudió a los bancos, pero ya sabéis que el banco necesitaba garantías para prestar el dinero y mi amigo estaba en el inicio y no contaba con un historial financiero sólido.

Poco a poco y ante la escasez de existencias, los clientes retornaron gradualmente a la empresa de la que Pedro había salido. Lamentablemente su viaje como empresario terminó muy pronto.

Ejemplo: Mi fabricación es excelente

En otra empresa muy conocida por mí, la empresaria estaba muy volcada en la gestión de su negocio y tanto el ámbito financiero como el comercial y la producción estaban exquisitamente atendidos. Tengo que afirmar que la fabricación era excelente, pero fallaba el área de recursos humanos. En esta empresa, se daba poca importancia a lo que ocurría y era prácticamente invisible para la gerencia. Este departamento y sus trabajadores eran considerados solo como un medio para alcanzar un fin, como unos recursos necesarios para el funcionamiento de la empresa, pero nada más. Se les daba poco valor y se les subestimaba su importancia en el éxito de la empresa.

Tampoco existía política de incentivos ni fomentaban un ambiente positivo de trabajo. Se generó un malestar y una insatisfacción en la mayoría de los empleados, sobre todo los más jóvenes y preparados. ¿Adivinas la primera consecuencia? Una elevada rotación de personal. Por cierto, cuanto más nivel y mejor preparados estaban los trabajadores, antes abandonaban la empresa porque encontraban otro puesto similar en otra compañía. Si el mayor talento lo dejaban marchar y la rotación era muy alta, la ineficiencia no tardó en aparecer y dejarse notar. Esto se traducía en un insostenible aumento de costes. La bajada de beneficio estaba servida y poniendo en riesgo la rentabilidad presente y futura.

Cuando la desesperación y la angustia se instaló en la dirección de esta empresa, una consultora externa fue la encargada de poner sobre la mesa el punto débil de la empresa, y afortunadamente revisaron la cultura empresarial, con un plan de mejora laboral. En ese momento entendieron que no pueden olvidarse de ninguno de los factores. En lugar de ver a los trabajadores solo como "recursos necesarios", reconocieron y valoraron su contribución a la empresa y trataron de crear un ambiente de trabajo positivo y respetuoso. Adoptaron medidas de flexibilidad e incorporado "remuneraciones no salariales" para todos los trabajadores. Avanzan rápido con medidas adaptadas a los nuevos tiempos y a las nuevas generaciones, como el teletrabajo, formación, escucha de todas las necesidades, empatía y con ello han conseguido retener el talento y conseguir que la receta empresarial sea exitosa.

Conclusión

Aunque te parezca una tarea imposible, no es así. Haz una lista si es necesario, pero no dejes ningún área sin atender. Identifica cuáles son las necesidades y carencias de cada área para atender sus necesidades correctamente.

Reflexiona sobre el área que estás descuidando ¿cuál es la respuesta?

Piénsalo y contesta en voz alta. Hemos dicho que una empresa es como una buena receta de cocina, que necesita la dosis adecuada de cada ingrediente, de cada departamento y todos son imprescindibles para conseguir el sabor deseado.

Recuerda, las cosas están cambiando, la empresa necesita más que nunca tu enfoque multidisciplinar.

"El mejor ejecutivo es aquél que tiene el sentido suficiente para escoger hombres buenos para hacer lo que quieren hacer y la moderación suficiente para no meterse con ellos mientras lo hacen" (Theodore Roosevelt).

Humildad

El autoengaño es la primera piedra que nos impide avanzar

La palabra humildad proviene del latín *humilĭtas*, que a su vez proviene de la raíz humus, que quiere decir 'tierra'. Tierra se asocia generalmente con realidad. Seguro que habrás utilizado la expresión "tener los pies en la tierra" cuando tu objetivo es no perder de vista las posibilidades reales sobre una situación, evitando así generar más expectativas de las que corresponde.

La humildad es un sentimiento que forma parte del interior de cada persona, es una reacción, y podemos decir que es una emoción provocada por nosotros mismos.

En el ámbito de la empresa, la humildad, representada por la expresión indicada anteriormente de "tener los pies en la tierra" consiste en la capacidad de situarnos en un determinado *status* o nivel y hacerlo de forma objetiva. Dicho de otra manera, consiste en ser realista respecto de nuestras capacidades dentro del contexto en el que nos estemos evaluando.

Si buscamos en la RAE, humildad viene definida como "el conocimiento de las propias limitaciones y debilidades y obrar de acuerdo con ese conocimiento". Esto quiere decir que la humildad va más allá del autoconocimiento. El autoconocimiento se queda en saber cuáles son nuestras reacciones, pero la humildad además de comprender nuestros límites nos obliga a actuar en consecuencia. Podríamos decir que la humildad va ligada con la honestidad.

Esto no significa que las capacidades limiten a ninguna persona, todo lo contrario, les servirá de motivación para crecer, aprender y sobre todo les permitirán afrontar un sobreesfuerzo para conseguir los objetivos que se propongan.

Por ejemplo, soy seguidora de un equipo de futbol que acaba de ascender a primera división, es un modesto equipo que cuenta con un bajo presupuesto, motivo que le impide fichar jugadores de primer nivel. Con estas limitadas circunstancias, las expectativas razonables serán mantenerse en la división de honor, pero no ganar títulos.

Este equipo de futbol no se deja llevar por una confianza excesiva después de haber ascendido de categoría y en su lugar gestiona bien la humildad. Es consciente de sus limitaciones y de que es necesario hacer un esfuerzo extra, del 150% para conseguir sus objetivos y no dormirse en los laureles.

Este club trabajará con humildad y esa actitud ayudará, sin duda, a mantenerse motivado y enfocado en el camino hacia el éxito. Seguramente adelantará a alguno de sus rivales, consiguiendo alcanzar el objetivo realista que se fijaron como meta.

En el mundo empresarial ser humilde no es sencillo. Al contrario, es incómodo reconocer nuestras limitaciones y se asocia con la falsa creencia de que conlleva perder poder o reconocimiento ante los demás. Nada más lejos de la realidad. Actuar con humildad no significa ser permisivos, sino asertivos, comprometidos y respetuosos con nosotros y con las personas con las que nos vamos a relacionar.

Seguro que todos conocemos el perfil contrario, el perfil equivocado: el egocéntrico que se rodea de personas que siempre les dan la razón. El típico empresario o director que no tendrá nunca en su equipo personas con actitud crítica o simplemente diferente. Esa condición o conducta, más pronto que tarde conduce al fracaso. Esa actitud nos aparta del mundo e impone la ilusión de ser invencibles y perfectos.

Ser humilde no es una debilidad es una cualidad valiosa. Nos ayuda a reconocer nuestras fortalezas y debilidades y actuar de acuerdo con ese conocimiento, y a ser empáticos con los demás. Si superamos esta primera barrera, las debilidades las convertirás en fortalezas: si admites que una de tus carencias es por ejemplo el marketing, podrás formarte para mejorar ese aspecto u optarás por contratar a una persona experta en ese campo, que completará tu perfil y hará de tu empresa una organización mucho más competitiva.

Ejemplo: la fundación

Un emprendedor que llamaré Manuel constituyó una empresa dedicada a la fabricación de material deportivo y consiguió duplicar las ventas prácticamente de la noche a la mañana, o al menos cada año. La empresa facturaba cada ejercicio el doble del anterior. Es cierto que, al inicio de una empresa, el crecimiento suele ser más rápido si todo va bien.

Era una empresa pequeña, familiar, joven, con beneficios, pero muy endeudada. Se encontraba en el momento de controlar su crecimiento para asegurar una estructura sólida, porque el crecimiento rápido no es necesariamente sinónimo de éxito a largo plazo. Este era el consejo de algunos colaboradores, pero el gerente era ambicioso, con bastantes cualidades para dirigir una pyme, pero carecía de humildad empresarial. El ensueño y la ilusión de convertirse en una gran compañía, le hizo imitar a las grandes y afianzadas empresas y crear una fundación con el noble fin de mejorar su imagen corporativa. Obvió que la fundación necesitaba dinero, recursos materiales y humanos para poder funcionar de manera efectiva.

La empresa, muy endeudada aun, era muy vulnerable a las presiones financieras y acusó esta sobrecarga. No tardaron en aparecer los primeros síntomas: tensiones de tesorería, sobrecostes, desatención al negocio, etc. Esto fue suficiente para lastrar el crecimiento de la empresa y ponerla en grave peligro. Por suerte, Manuel analizaba mensualmente la gestión y era conocedor de la situación económica sobrevenida y supo reaccionar a tiempo. Dos años más tarde, tras evaluar cuidadosamente todos los factores, optó por la mejor opción para todas las partes involucradas: extinguir la fundación. El coste económico fue elevado y el aprendizaje aún mayor.

Manuel entendió que su empresa era demasiado pequeña y

joven para practicar el altruismo a través de una fundación. Su idea era noble y admirable pero no tuvo en cuenta los límites de su organización.

Manuel aprendió que el propósito de una empresa es obtener beneficios de su actividad productiva para crecer y consolidarse sin jugar, de momento, a ser Bill Gates.

Conclusión

Si entendiésemos que ser humildes implica conocer nuestras debilidades y la posibilidad de no estar acertando, estaríamos dando un primer paso para mejorar, para alejarnos de la postura ególatra que tanto perjudica en la gestión de una empresa.

Recuerda que hemos hablado con anterioridad de que la aceptación de un problema nos permitía encontrar la solución. Desde ese razonamiento aceptar nuestras propias limitaciones (y las de nuestras empresas) nos permite encontrar la mejor manera para mejorar y corregir aquellas cosas que nos perjudican, como empresarios y como organizaciones.

La humildad como valor y como competencia laboral es necesaria para la vida y también para los negocios.

Una persona humilde no se siente superior, ni menos que otra, maneja el éxito con prudencia, lo que les permite consolidarse y desarrollar todo su potencial.

Responsabilidad

Asumir nuestras decisiones

Normalmente cuando hay un problema tendemos a buscar el culpable. Y generalmente lo buscamos fuera de nosotros: el mercado, la crisis, los bancos, los trabajadores, los clientes, los proveedores. Pero ¿dónde estamos nosotros? ¿Qué responsabilidad tenemos? Voy a empezar por el principio y lo primero será definir con claridad la responsabilidad. Consiste en asumir las decisiones y medidas que tomamos (y por supuesto las que no tomamos) y lo más importante, las consecuencias que resulten.

Parece claro que, si las decisiones las tomamos nosotros, también debemos situarnos dentro del conjunto de posibilidades que puedan ser la causa o el origen del problema en cuestión. Pero claro, esto requiere una gran dosis de honestidad y responsabilidad.

Una situación problemática pero muy frecuente en la empresa se da cuando no hay dinero para hacer los pagos. En ese momento el empresario no quiere reconocer que existe una gestión inadecuada, deficitaria, esa idea ni pasa por su imaginación. Al contrario, está seguro de hacerlo todo bien, y lo soluciona con parches, por ejemplo, acudiendo al banco a pedir más dinero, vía préstamos. Considera que ha resuelto el problema, pero en realidad solo lo aplaza y peor aún, lo agrava.

Gestionar una empresa es difícil y nos enfrentamos a situaciones muy duras, pero no olvidemos que las empresas nacen y existen para ser rentables. Muchas veces se confunde esta afirmación con un malentendido concepto de codicia. Nada más lejos de la realidad. La empresa necesita generar beneficios para cumplir con sus compromisos: retribuir a sus accionistas, pagar a sus empleados, financiar e invertir. Esta es la responsabilidad de un buen gestor financiero. Es decir, si queremos ser gestores responsables haremos lo mejor para la empresa y a veces eso puede significar tomar decisiones difíciles o hacer sacrificios personales. Ser un buen gestor implica tener una visión a largo plazo inclusive si esto significa tomar decisiones incómodas, valientes y que no siempre coinciden con lo que nos hace sentir bien.

Ejemplo: Nadie me dijo que tenía pérdidas

Hace poco mantenía una conversación con el responsable de una empresa industrial, que unos meses antes había recurrido a mí para encontrar una solución. Os resumo la situación de la compañía: Se trataba de un negocio en una situación insostenible, con un síntoma claro, no tenían dinero para pagar las nóminas ni las facturas, y el banco ya no le daba crédito.

Nos pusimos a trabajar a fondo, recopilando datos, analizando la información, reestructurando departamentos y por fin consiguiendo que la empresa volviera a una situación de crecimiento en cuanto a beneficios y rentabilidad. El origen de la situación se remontaba a varios años atrás cuando por motivos de una crisis del sector, las ventas cayeron. La empresa mantuvo la misma estructura o muy parecida, no se ajustaron los costes ni se tomó ninguna medida. Esta inacción provocó pérdidas importantes que fueron encadenando y arrastrando hasta llegar a un punto ciego, sin salida.

Este gestor siempre se quejaba porque nadie antes le había dado estas cifras. En una de las largas reuniones, le pregunté qué pensaba cuando iba a pedir financiación al banco ¿Era para invertir en maquinarias o inmovilizado de algún tipo? ¿Era para ampliar el negocio? ¿Quizá para financiar a sus clientes? ¿O para comprar existencias y materias primas? La respuesta era la misma, un no rotundo. Entonces ¿para qué necesitaba dinero? ¿Era tan difícil concluir que seguramente la empresa estaba en pérdidas? Reconoció, algo avergonzado, que no había querido oír la verdad y había preferido pensar que se trataba de algo puntual.

¿Recordáis cuando los niños se tapan la cara y dicen "he desaparecido"? A los adultos nos parece ingenioso y nos reímos. Pues eso es lo que quieren hacer algunos empresarios con su responsabilidad, taparse los ojos y creer que desaparece.

Mi cliente a partir de esta dura situación entendió que ocultar los problemas en lugar de abordarles de manera activa solo agrava la situación a largo plazo y tiene consecuencias muy negativas. Su responsabilidad está visión y liderazgo para enfrentar los desafíos y encontrar las soluciones, no taparlas.

Ejemplo: cliente moroso

Un empresario muy apreciado por mí, al que llamaré Manuel, sufrió el impago de uno de sus clientes más importantes, y esto le produjo un grave problema de tesorería. Manuel decía que su cliente le había traicionado porque se había aprovechado de la confianza que existía entre ambos. La verdad es que no le faltaba razón porque el cliente fue impagando mes a mes las facturas, mientras le prometía a Manuel que todo se debía a un problema que estaba en vías de solución. Manuel creía en la palabra de su cliente y seguía entregándole productos y , como consecuencia, la deuda iba en aumento. Algunos de los empleados le advirtieron a Manuel para que no entregase más mercancía a crédito y evitase agravar la situación. Manuel insistía con la seguridad de un jefe que nunca se equivoca.

La deuda era estratosférica y las promesas de pago se evaporaban como el agua sobre el hierro al rojo vivo. Finalmente, el cliente moroso dejó de comprar productos, pero también dejó de contestar las llamadas y desapareció creando un gravísimo problema financiero que arrastró a una situación complicada a la empresa de Manuel. Una compañía que ofrecía buenos productos y hacía gala de una calidad y un servicio inmejorables.

Nuestro "respetable" empresario al que hemos llamado Manuel se equivocó, pero sobre todo subestimó a su equipo. No estuvo dispuesto en ningún momento a escuchar las recomendaciones de su departamento financiero porque se consideraba intocable, seguro y perfecto.

Muchas veces confundimos ser empresario, gerente o el famoso "CEO", con tener la verdad absoluta y acostumbramos a tomar decisiones unilaterales sin considerar las perspectivas y opiniones de los demás. Nada más lejos de la realidad. Estar en la parte alta de nuestra organización nos otorga la máxima responsabilidad, y eso incluye tener una actitud de apertura y saber escuchar y tener en cuenta a todos los responsables de cada departamento y utilizar los datos que nos proporcionan para tomar decisiones coherentes y argumentadas.

Conclusión

Probablemente siempre hemos sido buenos profesionales, expertos en nuestro trabajo, pero esto ya no es suficiente, ¿Por qué? Porque debemos estar comprometidos con nuestra empresa y crear una cultura de trabajo sólida. Asumir la responsabilidad no es buscar al culpable, es resolver el problema y evitar que vuelva a suceder.

El miedo

Una emoción necesaria

El miedo es como el fuego o como el agua, necesarios para la vida, sin estos elementos esenciales no podríamos estar habitando este maravilloso planeta. Sin embargo, un exceso de cualquiera de ellos produce daños. Los incendios o las inundaciones son catástrofes con consecuencias desastrosas, dramáticas y en ocasiones fatales. El miedo tiene un comportamiento muy similar.

El miedo es una de las emociones que más condiciona el comportamiento humano y que todos experimentamos en algún momento de nuestras vidas. Dependiendo del grado en el que nos afecte será positivo o negativo. De hecho, es una de las emociones que está más directamente relacionada con la supervivencia.

Cuando el miedo nos alerta de un peligro será muy positivo. Piensa cuando de pronto oyes cerrarse una puerta y estás solo en casa. La respuesta suele ser activarse para dos reacciones: lucha o huida. ¿Ha sido una corriente de aire? ¿Me he dejado algo abierto? ¿Un desconocido ha entrado en mi casa para hacerme daño? Como todas las emociones, nace en el cerebro y en ese momento dejamos de "malgastar energía" y nuestro cuerpo activa todas las funciones de emergencia y centrará todos sus recursos en un plan de defensa. O cuando estamos al lado de un precipicio el miedo a caernos, nos hace retroceder ¡Menos mal que existe esta emoción!

Sin embargo, cuando el miedo nos paraliza se convierte en

una emoción muy negativa. Por ejemplo, si hablar en público nos produce un miedo atroz, es probable que nos quedemos inmóviles y seguramente sin voz.

Hay que reconocer que algunos problemas empresariales son aterradores, da igual si es un descenso de ventas por una pandemia, imposibilidad de producir por un terremoto o un colapso del sistema financiero, el miedo va a aparecer.

Si es moderado será un buen aliado. Por ejemplo, tener miedo de que la crisis afecte al cobro de nuestros clientes será muy positivo porque ese miedo nos advierte de una amenaza: recibir impagos de clientes. Qué maravilla, gracias al miedo, tomaremos medidas preventivas, seremos prudentes, estableciendo límites de ventas a crédito y defendiéndonos de este potencial peligro. Como vemos, el miedo nos ha protegido y ha beneficiado nuestra rentabilidad.

Pero cuando el miedo se descontrola, se convierte en peligroso y es difícil de encauzar, especialmente cuando no podemos hacer nada. ¿Puedes evitar una pandemia, modificar el clima o evitar una recesión económica? Es por eso por lo que para muchas personas es difícil de controlar, entrando en un bucle de preocupación y ansiedad. ¿Qué efectos tiene? El deseo de estar constantemente informado puede aumentar el miedo. Esto es contraproducente y tiene un efecto poco sanador, el miedo se multiplica porque cada noticia supone un motivo más de preocupación. La mayoría de las noticias buscan el impacto y no son precisamente tranquilizadoras.

Además, si la información no es suficiente o no es la esperada, nuestro cerebro ya se encarga de completarla con el peor de los finales. Y, por si fuera poco, puede aparecer el conocido sesgo de negatividad, es decir, para nuestro cerebro lo malo tiene un peso mayor que lo bueno.

Necesitamos parar, detener toda esa tromba de pánico que se nos viene encima. Necesitamos un cortafuegos.

Podemos empezar por controlar el exceso de información, será suficiente tener una o dos fuentes de confianza para conocer la evolución de los acontecimientos y evitar el exceso de ruido y temor infundado que produce la sobre información. Si consigues revisar las noticias dos veces al día, el cortafuegos está funcionando.

Lo siguiente es contrarrestar el miedo. Los hábitos son buenos para mantener la calma y aligerar el problema en momentos complejos, sobre todo porque no está en tu mano resolverlo. Cuida la alimentación, el sueño, haz ejercicio, aprovecha para iniciar o revisar proyectos que aparcaste porque no tenías tiempo. Mantener un horario y un hábito te ayudará a estar en la dinámica adecuada.

En tercer lugar, podemos concentrarnos en las cosas que sí podemos controlar como plantear y desarrollar propuestas orientadas a solucionar o suavizar el impacto del problema en nuestra empresa. Cuantas más opciones propongamos, mucho más probable es encontrar una que resulte satisfactoria.

En último lugar debemos ser conscientes de que estamos

más preparados de lo que el miedo nos quiere hacer creer.

¿Has vivido o tienes en mente alguna situación de miedo irracional? Seguramente, el mercado acabó respondiendo o las empresas que se adaptaron a la situación, planteando soluciones y tomando alguna medida, se recuperaron y todo siguió su curso. Los problemas de los mercados y económicos en general vienen por sorpresa y se van por sorpresa. Sin embargo, si esa sorpresa nos paraliza y nos impide reaccionar, será más difícil "capear el temporal" hasta que llegue la solución.

Ejemplo: pedido con pago aplazado

Carmen es una empresaria muy prudente y me comentaba que, cuando un nuevo cliente les encargaba un pedido, a pesar de la felicidad de poder vender, al tratarse de un cliente que no conocía y con el que no mantenían una relación comercial, siempre desconfiaba. Si además se trataba de una cantidad elevada de dinero, no dudaba en descartar el pedido. Preferían vender solo a sus clientes de toda la vida.

El miedo excesivo que sentía Carmen paralizaba las decisiones de venta. En su sector la venta siempre es a crédito y esto les impedía aumentar la cifra de negocio.

Un día decidió trabajar esta emoción y enfrentarse a cada nueva operación de venta desde el sentido común. ¿Cuál fue su rutina para controlar el miedo? Analizar al nuevo cliente, pedir informes a empresas especialistas, hablar con su departamento comercial, y finalmente con toda esa información, otorgaban un crédito máximo, que respondía al *rating*, a su solvencia y capacidad de pago.

Gestionar esta emoción ha convertido a Carmen en una empresaria entusiasmada, feliz y satisfecha. Simplemente había reducido el desproporcionado y nocivo miedo hasta convertirlo en una emoción positiva, una alerta ante una situación peligrosa. Era el aviso para evitar impagos y mantener una saneada economía, pero sin poner el riesgo su crecimiento.

Esta situación que he descrito forma parte del día a día en la mayoría de las empresas, de hecho, el *credit manager* es una figura que ha emergido con fuerza para gestionar el miedo a los impagados.

Ejemplo: *cash management*

No es el único ejemplo del efecto positivo del miedo. Una empresa ubicada en la zona este de España, dedicada a la distribución de bebidas con la que he colaborado en diferentes momentos, siempre gestionan el negocio movidos por el temor a un colapso de su tesorería. Cuando el nivel de tesorería disminuye, las ensordecedoras alarmas les alertan del riesgo: aumentan las posibilidades de no poder pagar a sus proveedores, o de no hacer frente a sus obligaciones.

El nivel de *cash* de su activo es sensiblemente mayor a la media, pero saben que cuentan con la independencia financiera de poder adquirir más existencias o aumentar sus niveles de ventas, sin supeditarlo a nuevas operaciones de financiación, sin supeditarlo a la aprobación de condiciones onerosas que le restarían tiempo y beneficio. Su capacidad de decisión no se ve frenada y gestionan con más libertad. La dirección de esta empresa asegura que el éxito de sus casi cuarenta años de trayectoria comercial radica en el miedo al colapso de la tesorería.

Este es, por tanto, otro ejemplo de cómo el miedo no es negativo por defecto, sino una emoción que condiciona mucho nuestra actividad y que debemos conocer y gestionar para usarla con un impacto positivo en nuestra empresa.

Conclusión

El miedo es una emoción necesaria cuando nos protege, porque nos mantiene despiertos y alerta, y nos obliga a ser prudentes. Pero pongamos atención cuando se convierte en negativa y nos paraliza. La pregunta es ¿Cómo se vence este miedo que nos perjudica? Como hemos visto en los ejemplos al miedo se le derrota destinando tiempo y esfuerzo para dominar el área que nos infunde temor. Por ello en el caso de las finanzas, los datos y el conocimiento, cada vez más se perciben como más indispensables.

La comunicación

Implementa una comunicación adecuada

Una parte de los conflictos aparecen o se ven agravados por una errónea o inexistente comunicación. Y no me refiero a la comunicación interna, sino a la que nos relaciona con el entorno, especialmente con clientes.

Si surge un problema que afecta solo a nuestra empresa, la importancia en la comunicación es mayor. En este caso la peor respuesta es la falta de respuesta, porque crea un vacío que enciende la mecha de especulaciones, rumores y desinformación que como he dicho agravarán la situación.

Sin embargo, algo tan sencillo como una respuesta rápida y segura, no solo evita los rumores negativos, sino que puede reforzar nuestra imagen y generar más confianza en nuestro entorno y en nuestro mercado. Esto es válido para cualquier empresa, con independencia de que se trate de una multinacional o de una pequeña cafetería. Es preferible rapidez a precisión, y aunque la respuesta sea algo parecido a "Estamos trabajando para resolver el problema y les mantendremos informados" es mucho mejor que retrasar una respuesta para que esté más argumentada. Todo vale antes de parecer que no tenemos un plan, porque la incertidumbre es enemiga de la confianza.

Cuando se trate de un problema que afecte a más sectores, no será necesaria esa respuesta rápida y genérica, porque todas las partes son conocedoras de la situación. En este caso la comunicación irá dirigida a cada uno de los grupos con los que nos relacionamos: clientes, proveedores, socios o inversores y sobre todo los empleados. Piensa que todos ellos van a formar parte de nuestra solución y son de gran ayuda para contener o remediar las consecuencias de la crisis.

Curiosamente son los propios trabajadores los que se quejan de la poca información que reciben y eso les produce inseguridad. Uno de los errores que se comete con los trabajadores es privarles de *feedback*. Del mismo modo que las empresas necesitan saber el grado de satisfacción que causan sus productos o servicios, los componentes humanos de cualquier equipo tienen esa misma necesidad.

La comunicación bidireccional es ahora primordial, por lo que un buen jefe debe mostrar cercanía y accesibilidad para ayudar, transmitir, responder y escuchar propuestas de su equipo. No olvides incorporar mensajes positivos: éxitos o logros conseguidos. Todo ello mejorará la calidad de la comunicación, generando mayor implicación del grupo y como consecuencia, mejores resultados.

Esa necesidad de "piña" se puede conseguir con una pequeña reunión periódica (presencial u online) que será suficiente para mantener un intercambio de información y sugerencias valiosas. Preocúpate de la calidad de esta comunicación, y asegúrate de que tus interlocutores han entendido perfectamente la información.

Una equivocada o nula comunicación genera mal ambiente, que a su vez perjudica el rendimiento y esto conduce a malos resultados.

Nunca debemos olvidarnos de dar las gracias a los que nos están apoyando.

Por ejemplo, envía una simple comunicación de agradecimiento a los empleados que se implican, a los clientes y a los proveedores pacientes y solidarios. Con ello consigues reforzar los vínculos y aumentar la confianza.

Ejemplo: el *feedback* es esencial

A lo largo de mi vida laboral he aprendido varias lecciones sobre la comunicación.

En la primera empresa en la que trabajé, cada lunes nos reuníamos los responsables del área financiera, para evaluar y corregir la evolución del proyecto que estuviésemos ejecutando en ese momento. Estas reuniones estaban "presididas" por el gerente y el director financiero. Cada vez que planteábamos alguna idea, el gerente la descartaba, nunca era adecuado, salvo si lo proponía él. Aunque mi idea estuviese bien argumentada, el gerente la rebatía, hasta imponer la suya. Era un desgaste inútil y cada vez aportábamos menos propuestas. La conclusión general era, ¿para qué voy a sugerir nada, si la idea será desechada?

Entendí que el gerente incurría en un error y lo convertí en mi primera lección: Si eres el responsable tendrás que consensuar la solución más adecuada, después de oír a todos. Pero no puedes imponer tu discurso y obligar a que todos te den la razón, al contrario, debes estimular la participación. El hecho de imponer y ser el protagonista, desanima y coarta la participación y se pierden opciones, soluciones y frescura de ideas.

En otras ocasiones, la petición era incompleta o muy sucinta, por ejemplo: "Necesito un balance informado", pero con tal aire de autoridad y superioridad que, aunque no quedase perfectamente claro, la actitud distante y dominante te impedía preguntar, por miedo a parecer torpe. Esto abocaba generalmente a entregar el informe inadecuado o incompleto. ¿Qué aprendí? Segunda Lección: asegúrate de que tu interlocutor te ha entendido, haz alguna pregunta para constatar que lo que tú le has transmitido es lo mismo que él ha interpretado, evitarás muchos errores. Es responsabilidad tuya que tu receptor reciba el mensaje correcto.

Cuando entregábamos el informe financiero, la persona que lo había trabajado no era en absoluto tenida en cuenta. Entendí una última lección sobre la comunicación: Escucha a tu interlocutor, empatiza con la información que te transmite, ponte en su lugar, proporciónale cercanía, valorar su opinión incrementará su valía personal y la de la organización.

Finalmente, nunca sabíamos si los informes eran adecuados o podrían mejorar, nunca recibimos *feedback* por lo que, en lugar de experiencia, ganábamos en inseguridad. Aquí recibí mi cuarta lección: ofrece *feedback* de manera asertiva, sobre el rendimiento o sobre lo que esperas de la persona con la que hablas, esto puede motivar a los miembros de la empresa al sentirse valorados y respetados, y puede contribuir a un ambiente de trabajo positivo y colaborativo.

Conclusión

La comunicación es importante para reforzar lo positivo y para identificar y corregir aspectos negativos o conductas inapropiadas. Escuchar a los demás y tratar de comprender su perspectiva ayuda a resolver conflictos.

La comunicación es un factor importante en la prevención y resolución de conflictos en el ámbito laboral. Muchas veces, los conflictos surgen debido a la falta de información o fallos de comunicación. Tareas que no han sido bien definidas, falta de información, interferencias o fallos de comunicación son algunos de los problemas. Es clave fortalecer la capacidad de comunicarse y desarrollar canales de comunicación en la empresa que impacten favorablemente en efectividad y productividad.

Inteligencia emocional en las finanzas

Respeto

Consideración por nosotros y por los recursos que controlamos

Las emociones generalmente nos preparan para adaptarnos a las circunstancias. Se trata de la habilidad para regular nuestra reacción facilitando un crecimiento emocional e intelectual.

El respeto permite que cada persona pueda reconocer, aceptar, apreciar y valorar las cualidades propias, pero también las cualidades y derechos de los que nos rodean. Incluso más, los derechos de la sociedad.

La definición de respeto referida a gestión empresarial sería tener una alta estima por la propiedad privada, por nosotros, por los recursos que están a nuestro cargo, por las personas, por el dinero, por su reputación, por la salubridad, por la seguridad, no solamente del equipo, sino también del medioambiente y de los recursos naturales.

Me hago una pregunta con frecuencia ¿respeto todo lo que acabo de describir?, es decir ¿respeto los principios que digo tener y los bienes ajenos?

No pretendo hacer un *check list* de viaje para comprobar que no me olvido de nada, sino detenerme y asegurarme de que lo practico en mi actividad personal y profesional de forma cotidiana.

Nuestra gestión empresarial será el reflejo de nuestra conducta.

Se trata en primer lugar de promover el respeto en el

equipo, un gran reto sin duda. Pero vale la pena esforzarse por conseguir un equipo sin conflictos, que se lleve bien, porque, ¿sabéis cuál es la consecuencia más inmediata? Que la productividad aumenta. Conseguir un ambiente de respeto genera confianza y es beneficioso para cada uno, pero especialmente para la organización.

En segundo lugar, gestionamos muchos recursos: materiales, personas, presupuesto, pero hay otro elemento importante ¿adivinas cuál es? El tiempo, el recurso más irrecuperable. Nuestro tiempo y el de los demás. Hacer esperar a alguien, planificar mal una reunión, convocar a compañeros que no necesitan estar allí, saturar con información a todo el equipo.

En tercer lugar, mostrar respeto por los recursos, desde el punto de vista del interés general de la empresa y no ver solo el interés parcial de nuestra sección. A veces surge ese conflicto de intereses en el que priorizamos nuestro departamento sin considerar el perjuicio que podemos ocasionar a otros compañeros con quienes compartimos recursos como proyectores, salas de reuniones, personal o simplemente tiempo. En muchos casos con el solo inconveniente de hacer un calendario previo de necesidades de uso, se resolvería este conflicto.

Si pensamos en cómo mejorar nuestro respeto, empatía y amabilidad en nuestro comportamiento cotidiano, podremos atender a estas consideraciones:

1.-Negociar de buena fe.

2.-No ejercitar nuestro poder para beneficiarnos personalmente a expensas de otras personas.

3.-No actuar de forma abusiva.

4.-Respetar la propiedad, y no me refiero exclusivamente a penalizar el robo o el hurto, me refiero a respetar el *copyright* y otros derechos de propiedad.

Una conducta de respeto hacia los demás, implica respeto hacia sus costumbres, sus normas y formas de hacer las cosas. Piensa que si no afectan al desarrollo de nuestra actividad ni son antiéticas, respetarlas será lo más acertado.

No siempre vamos a estar de acuerdo en todo, pero recomiendo escuchar el punto de vista de los demás, con actitud calmada, abierta y comprensiva, sin prejuicios, sin actitud agresiva, todo lo contrario, tratando de comprenderlos.

Ejemplo: pérdida de tiempo

He tenido colegas que cada vez que envían un mail, ponen en copia a personas que nada tienen que ver con el asunto, pero que perderán tiempo gestionando esos mails y decidiendo si deben o no contestar o en qué medida les afecta ese asunto.

A veces para tomar una decisión consultamos la opinión de los interesados y nos extralimitamos pidiendo que opinen personas que prácticamente desconocen el asunto, pero les hacemos que ellos se informen, molesten a otros miembros del equipo y todos pierdan un tiempo irrecuperable, impagable. La información es como el agua, valiosísima, pero…. necesita un cauce y una medida, porque de lo contrario se convierte en dañina y puede destruir en lugar de ayudar.

Conclusión

Ante una situación difícil pongámonos en el lugar de los demás, en la situación del otro. Esto nos ayudará a ver las cosas desde otro punto de vista. Además, es importante esperar hasta tener toda la información antes de tomar una decisión, esto nos ayuda a evitar juicios apresurados.

En consecuencia, evitemos formular comentarios negativos con el propósito de perjudicar la reputación de otra persona.

Nuestro comportamiento ha de ser ejemplar y profesional, incluso, y especialmente, cuando el resto no actúa de esta manera.

Haz el mayor esfuerzo posible para cuidar a tu equipo. Trata de mantener buena sintonía y un ambiente alejado de estrés y tensión. Procura que solo se concentren en completar sus tareas y objetivos.

Como decía al inicio, conseguir un equipo respetuoso con los compañeros, con los recursos de la empresa y con el medio ambiente, tiene una ventaja ¿la recuerdas? El éxito de tu negocio.

Inteligencia emocional en las finanzas

Perseverancia.

El éxito requiere tiempo

Aunque a primera vista **perseverancia** se asocia a la constancia, ligado al ámbito empresarial tienen acepciones distintas. Mientras que la constancia tiene un significado de continuidad de lo iniciado, la perseverancia es la capacidad de continuar, pero sobre todo la capacidad de recuperarse después de sufrir algún desánimo o fracaso.

Si pensamos en cualquier trabajo o negocio, damos por seguro que encontraremos reveses, contratiempos, dificultades y la perseverancia nos puede ayudar a alcanzar el objetivo deseado porque justificará el esfuerzo, a veces intenso y prolongado en el tiempo.

Pero pensemos ahora en ese esfuerzo desmedido pero aplicado a un negocio fallido o que no va a producir ningún resultado, ¿qué nos aporta? Profundizar en el fracaso.

¿Cómo saber si perseverar o abandonar? Suele depender del tiempo de maduración de cada negocio, ese plazo hay que respetarlo y conocerlo. Por ejemplo, un centro deportivo o una cafetería no necesita esperar para conseguir el éxito, debe ser inmediato. Ganarte la confianza de un cliente para tomarse un café no requiere dos años, bastará con una buena publicidad previa y una buena experiencia en su primera visita.

Pero si tu empresa es una consultora, o una agencia de seguros, necesitará un cierto recorrido, necesitarás generar confianza y eso no es inmediato. Si estás en ese tipo de negocio, no puedes desesperarte, debes tener perseverancia, y la exigencia en este caso sí debe ser a medio plazo. Debes invertir tiempo y ofrecer referencias de otros clientes, y el camino será más lento.

La auténtica clave del éxito será conocer cuándo debemos perseverar y cuándo no. De hecho, el marketing tiene fórmulas de captación de clientes adaptados al grado de exigencias de cada negocio, es decir a corto y a largo plazo. El buzoneo es una publicidad a corto plazo, apropiada para la inauguración de la cafetería, sin embargo, el marketing de largo plazo sería más beneficioso para la agencia de seguros. Por ejemplo, un blog con información y noticias relevantes y de calidad, puede ser una herramienta muy útil para establecer la confianza y la lealtad de los clientes a largo plazo. Es importante saber que, para este negocio basado en la confianza y la recomendación, se requiere un compromiso y una inversión a largo plazo y puede llevar algún tiempo general resultados, pero los beneficios llegarán

La clave del éxito es determinar si nuestro negocio necesita tiempo para madurar y perseverar o si no hay tiempo que perder y buscamos cambiar de rumbo o buscar otras soluciones.

Ejemplo: Empresa de formación con itinerarios

Hace unos años cuatro socios, todos consultores experimentados, lanzaron un proyecto de formación de negocios. Formación presencial, flexible, personalizada y práctica, que se adaptaba a cualquier necesidad de formación. ¿Qué podía salir mal? Los alumnos no llegaban, no había inscripciones y tras varios meses de promoción y lanzamiento de planes especiales, decidieron cerrar la empresa para no quemar más recursos, dinero e ilusión.

Reconocen que fue especialmente dramático por los gastos que se generaban cada mes, gastos irrecuperables, gastos hundidos (es decir gastos que no aportan ninguna utilidad). En este caso se producía un doble error, porque además de las pérdidas mensuales, estaban incurriendo en un coste de oportunidad, ¿cuál? Utilizar esos recursos en otra actividad, en otro proyecto que SÍ generase beneficio.

Conclusión

La perseverancia permite conseguir grandes logros en cualquier ámbito de tu vida, bien sea profesional, económica, cultural o social, pero también abundar en el error. Lo fundamental no es tanto tener perseverancia como conocer si es necesaria o no,

Reflexiona: ¿Tu negocio necesita una curva de aprendizaje?, ¿necesitas generar confianza entre los clientes? Descubre cual es la exigencia de tu actividad ¿a corto plazo o a medio plazo?

Puede ser que el beneficio no llegue el primer año. Si tu empresa es una plantación de olivos, necesitarás cuatro años para obtener la primera cosecha. En este caso, no podrás esperar beneficios hasta el cuarto año. Si tu empresa es un centro comercial, no puedes esperar cuatro años, ni dos ni uno, para que pasen clientes suficientes para obtener beneficios.

En resumen, la perseverancia es una buena aliada, haz las cosas bien y obtendrás la recompensa, asegúrate de que no exiges la rentabilidad muy pronto para el tipo de negocio que tienes, pero tampoco la retrases en exceso, porque seguramente es el indicativo de que no lo estás haciendo bien.

"Puede que tengas que luchar una batalla más de una vez, para ganarla" (Margaret Thatcher).

Epílogo

Las emociones a veces atenazan nuestra voluntad. Es importante mantener equilibrio en tus rutinas. Por ejemplo, valora si prolongar la jornada laboral sirve o no para avanzar trabajo o para restar energía al siguiente día. En todo caso, muchas horas de trabajo limitan el tiempo social; y el disfrute con la familia y amigos son los que aportan ese necesario equilibrio.

Los vaivenes emocionales son inevitables, pero podemos aprender a convivir con ellos. Todo empieza con la aceptación de que hay momentos de flojera, de miedo o desánimo, y que, si nos conocemos y sabemos cómo actuar, conseguiremos acortar su duración y limitar sus efectos para seguir disfrutando de esa montaña rusa que conlleva la gestión de una empresa.

Negar la evidencia, el estrés, la falta de motivación o el miedo son algunos de los principales obstáculos que dejan por el camino muchos sueños.

Aprender a percibir y expresar nuestras emociones es el primer paso, generar sentimientos de autocontrol será el siguiente y el hábito de actuar con responsabilidad, humildad y honestidad nos llevará a canalizar las emociones de modo que no supongan una barrera sino un estímulo y una ayuda ante las decisiones a veces difíciles y complejas de un exigente ámbito financiero. Suerte.

ACERCA DEL AUTOR

Clara Vega Caballero es una profesional del mundo de las finanzas y la viabilidad de proyectos, con más de veinticinco años en la dirección financiera de empresas privadas.

Imparte formación en seminarios y ciclos postgrado MBA y es consultora especializada en control de gestión y análisis financiero.

Desde 2014 crea cursos sobre finanzas y gestión de proyectos para LinkedIn Learning para España y Latinoamérica.

Participa como ponente en eventos y jornadas sobre emprendimiento, fianzas y control de gestión.

Es divulgadora de contenido con emisiones en directo de los programas "Finanzas comienza con F" y "Finanzas y Excel" en vivo en las RRSS LinkedIn y YouTube.

www.ingramcontent.com/pod-product-compliance
Lightning Source LLC
Chambersburg PA
CBHW070256220526
45465CB00004B/1637